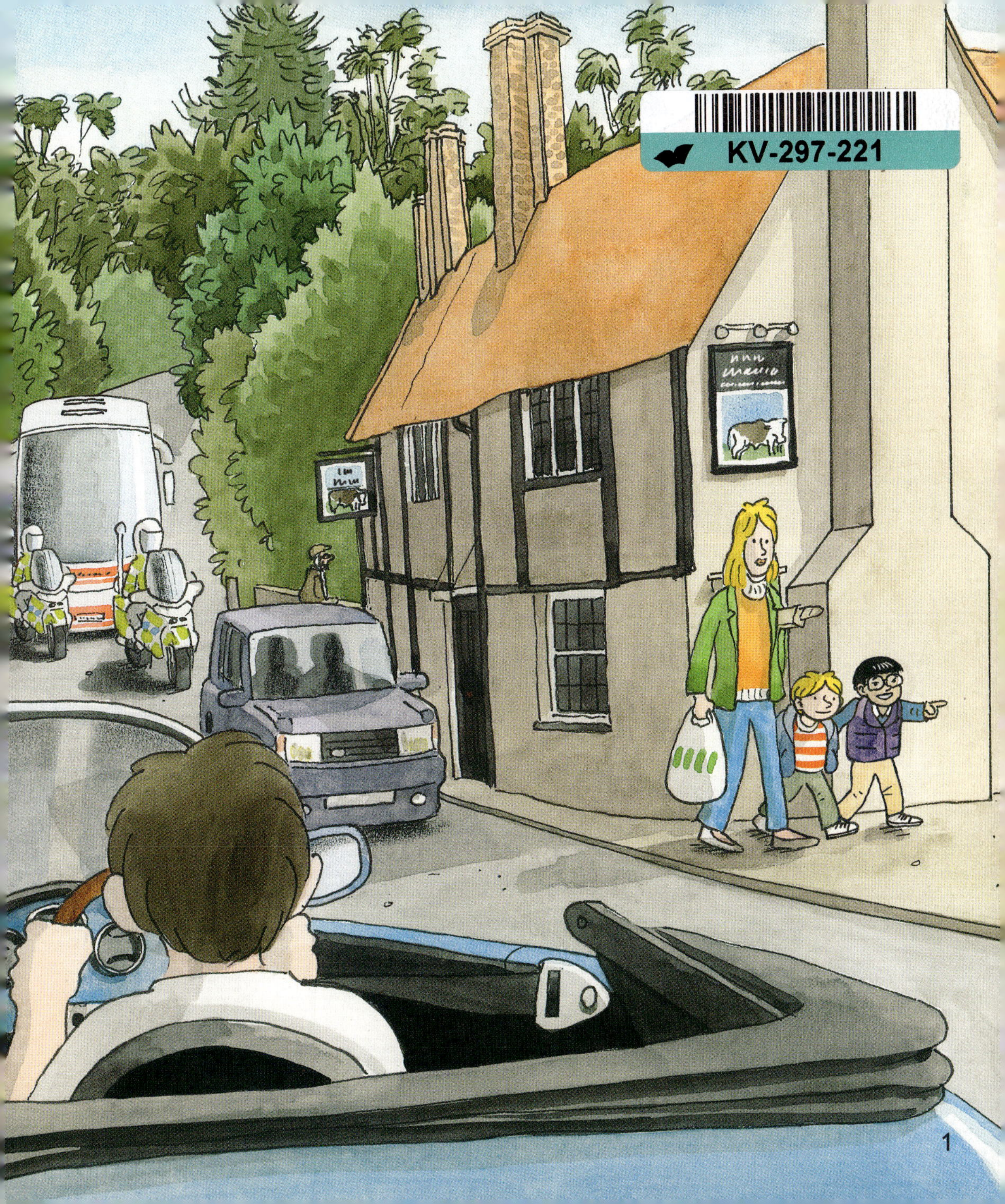

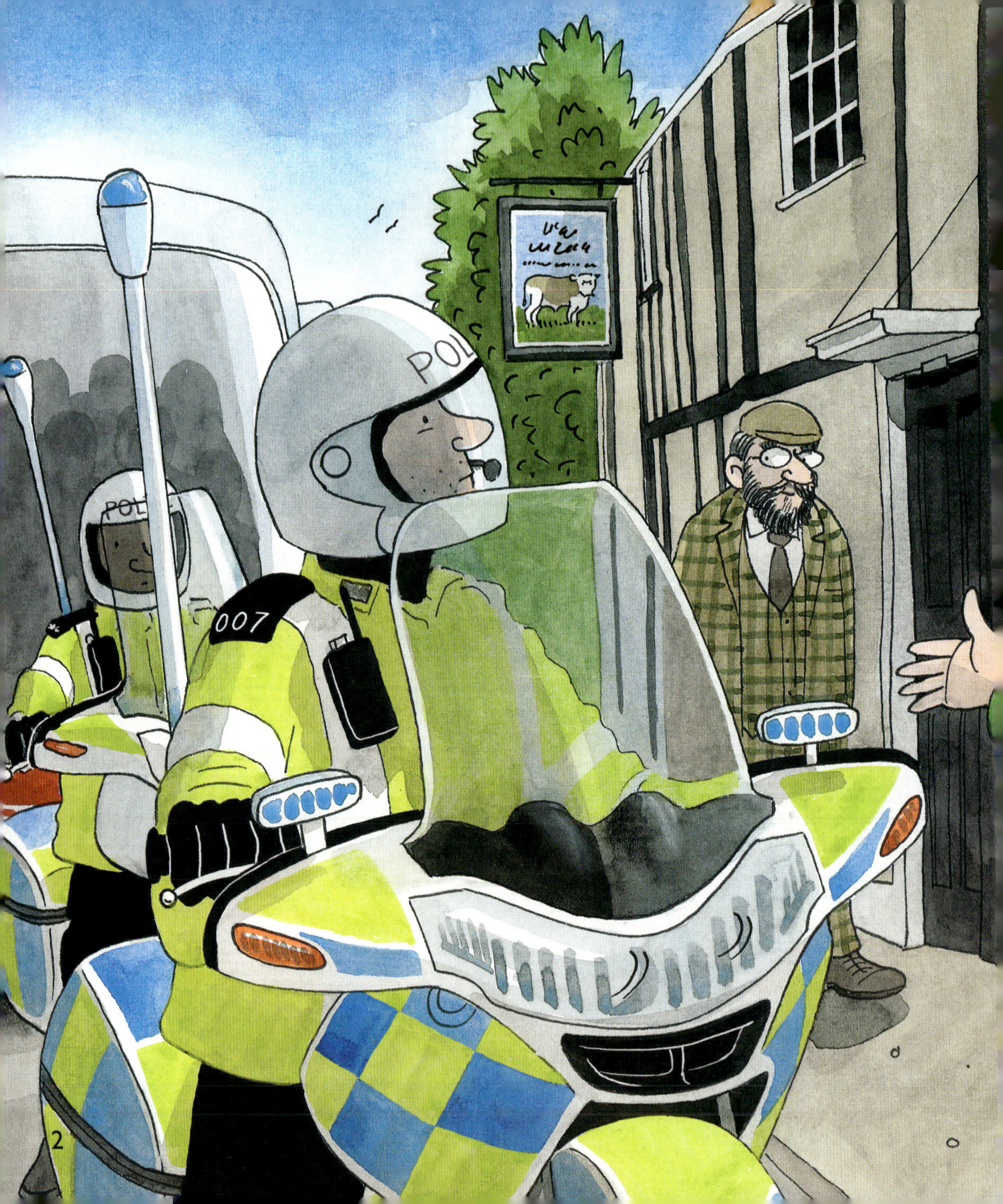
POL
POL
007

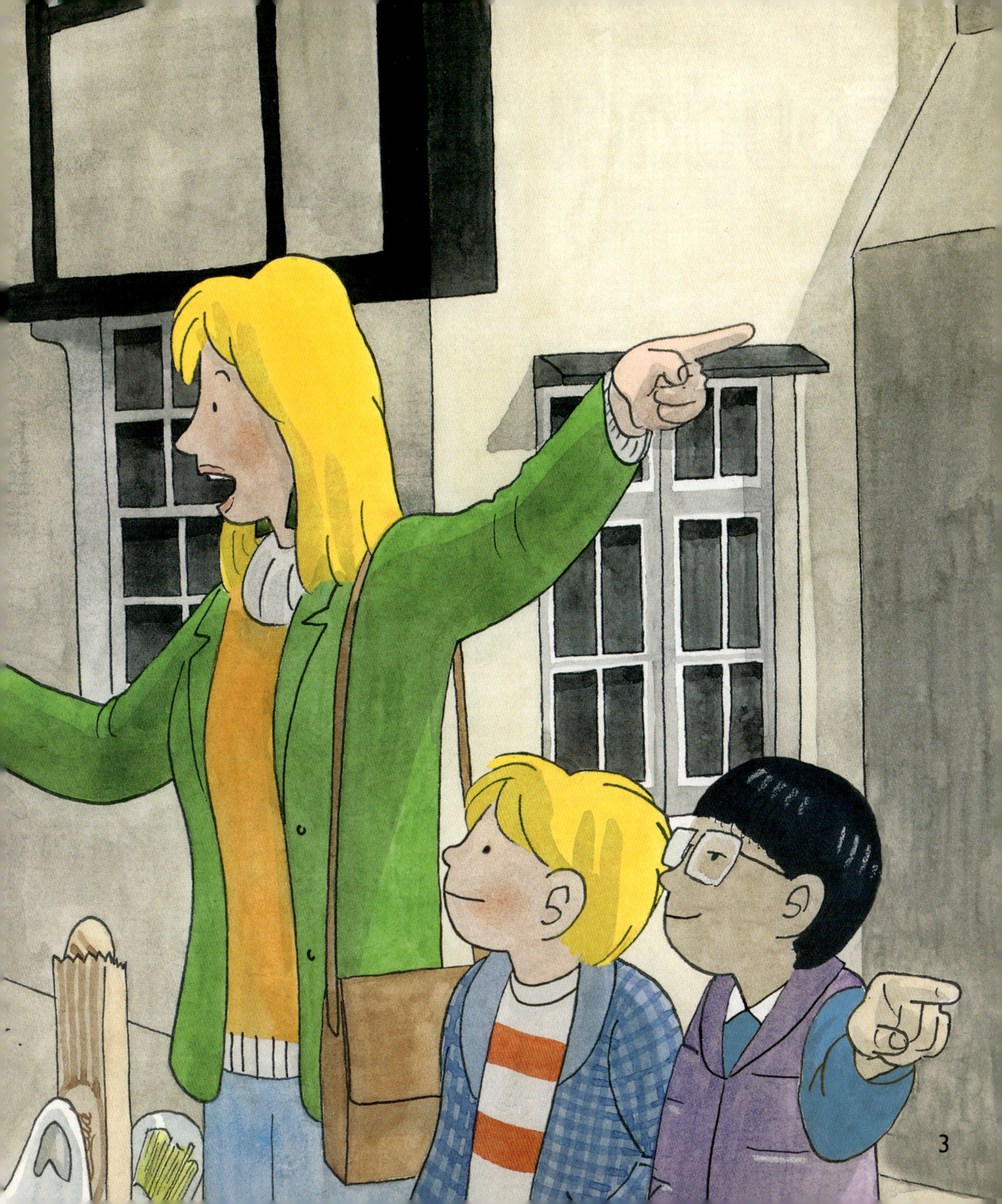

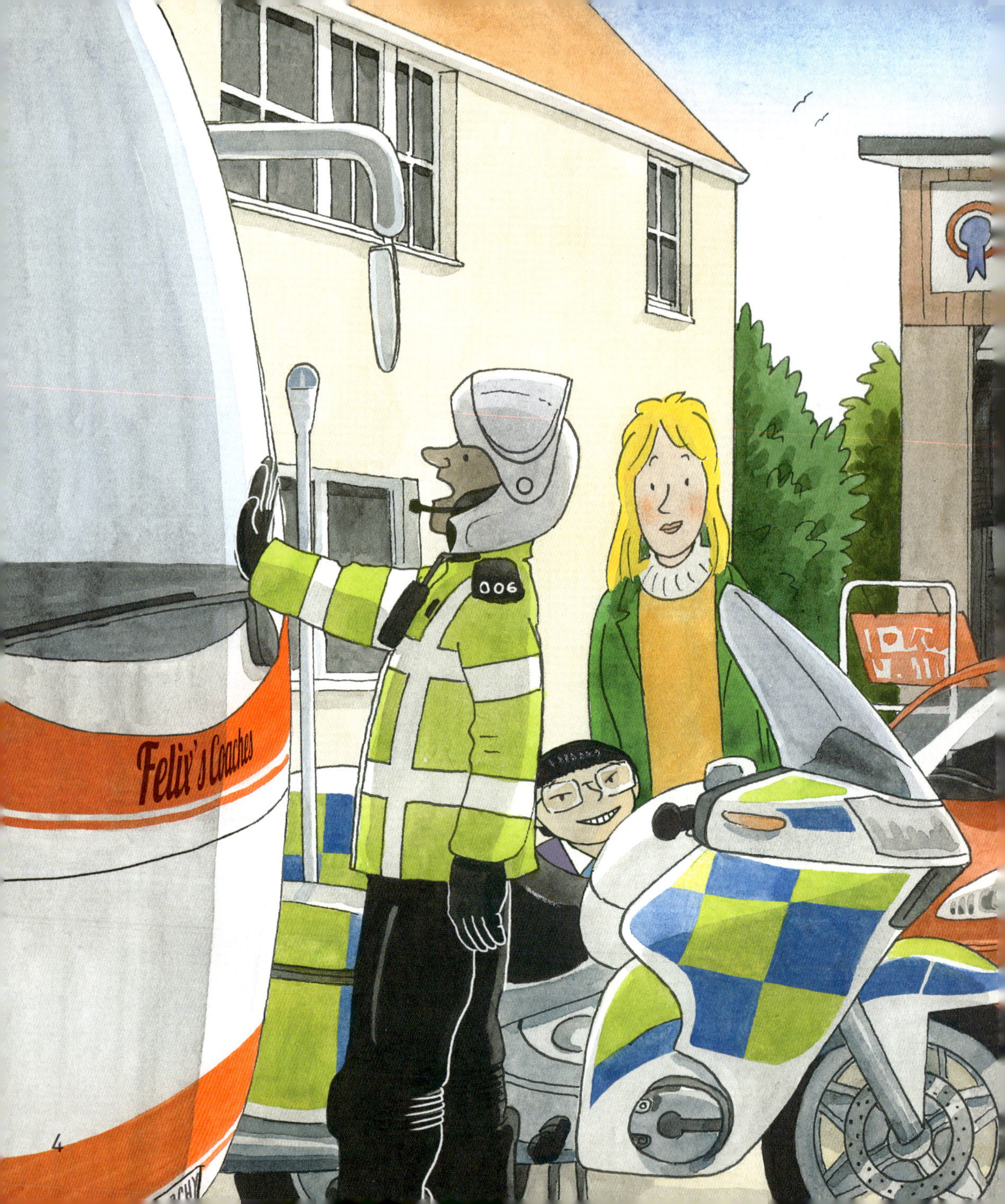
Felix's Coaches
006

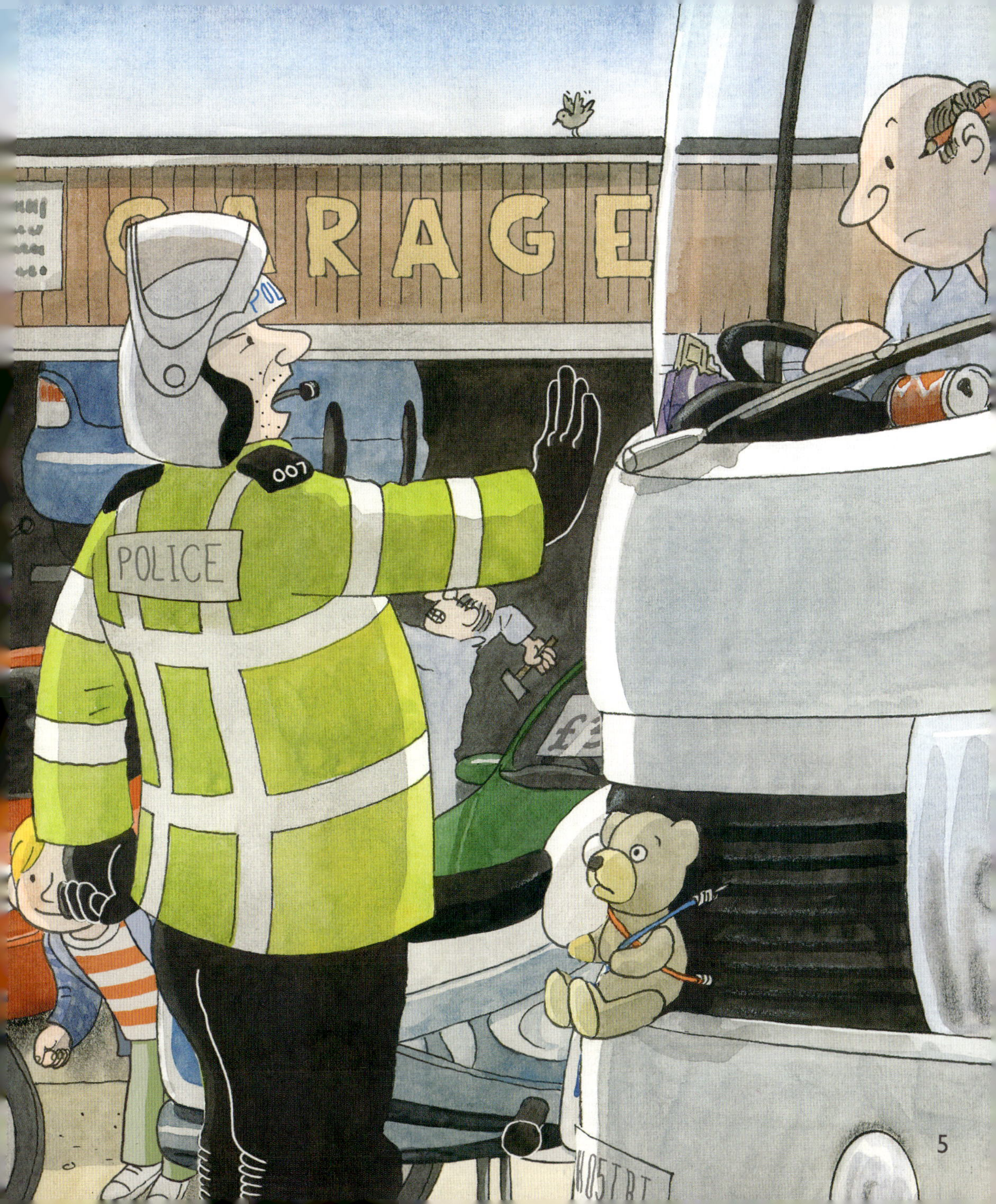
POLICE
007

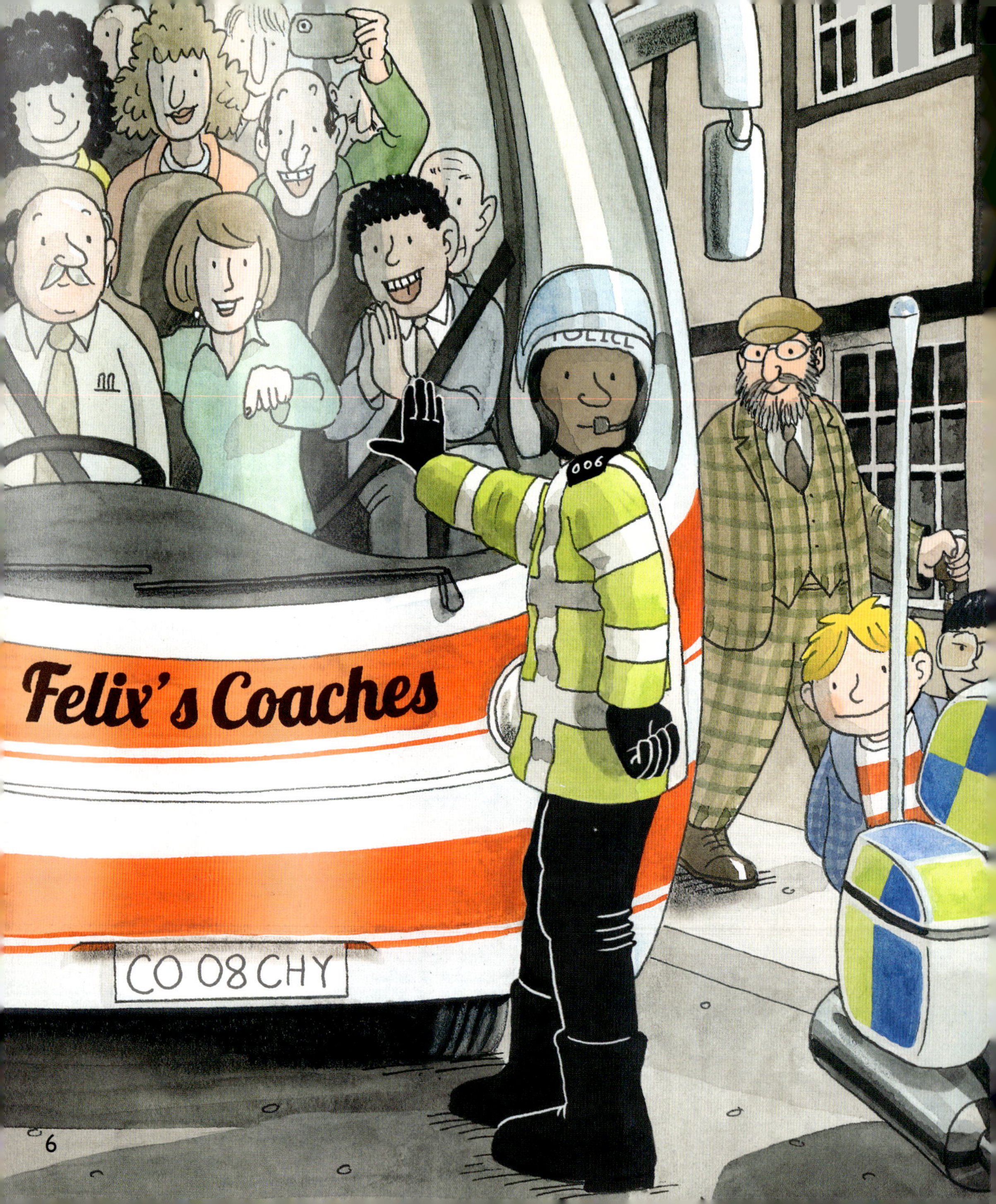
Felix's Coaches
CO 08 CHY
006

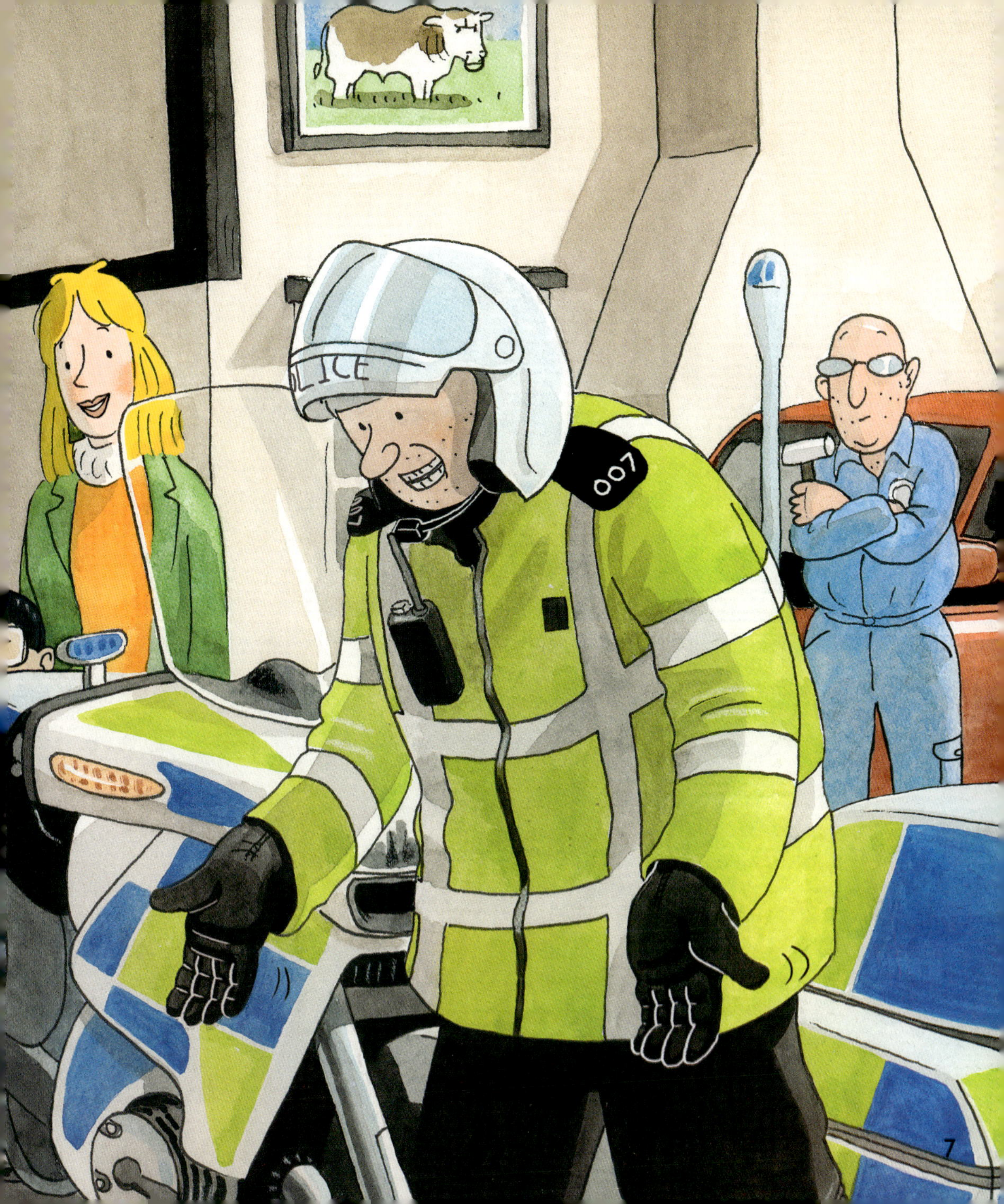
007

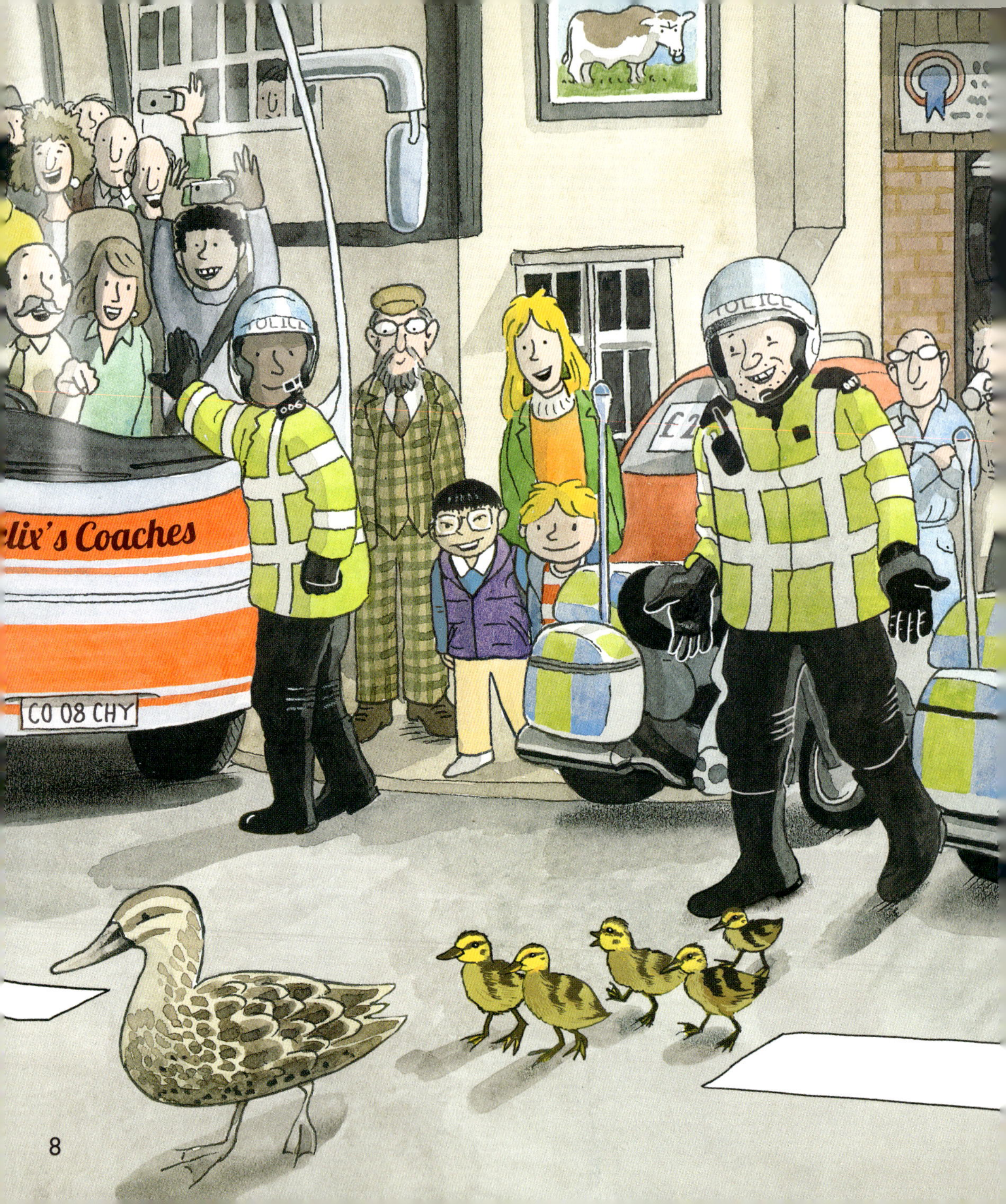
lix's Coaches
CO 08 CHY
POLICE
POLICE